Winfried Röser

55 Stundeneinstiege Religion

einfach, kreativ, motivierend

9783403067030

Auer

Gedruckt auf umweltbewusst gefertigtem, chlorfrei gebleichtem
und alterungsbeständigem Papier.

2. Auflage 2019
Nach den seit 2006 amtlich gültigen Regelungen der Rechtschreibung

Illustrationen: Corina Beurenmeister
Satz: Fotosatz H. Buck, Kumhausen
Druck und Bindung: Esser printSolutions GmbH
ISBN 978-3-403-**06703**-0

www.auer-verlag.de

„Wie steige ich in meinen Unterricht ein?"

Die Beantwortung dieser Frage ist für jeden Unterrichtenden von vorrangiger Bedeutung. Gelingt es, einen Spannungsbogen anzubahnen, die Schüler herauszufordern, zu motivieren und ihre Bereitschaft zur aktiven und passiven Mitarbeit zu wecken, oder verstreicht diese Chance ungenutzt? Genau an dieser Fragestellung setzt die Handreichung „55 Stundeneinstiege Religion" an.

55 unterschiedliche Einstiege in eine Unterrichtsstunde stellen dem Lehrer[1], auch dem fachfremd eingesetzten Pädagogen, einen Fundus vor, aus dem er, abgestimmt auf seine Person, die jeweilige Klasse und das Thema, den Unterricht abwechslungsreich, zielgerichtet und motivierend beginnen kann.

Alle vorgestellten Variablen sind im täglichen Unterricht praktisch erprobt. Sie berücksichtigen in besonderem Maße heutige didaktische Anforderungen wie Teamfähigkeit, Selbstständigkeit und Schüleraktivität. Der Lehrer, als Planer und Organisator des Unterrichts, sollte sich, wenn immer möglich und sinnvoll, zurücknehmen, die Aktivität der Schüler anbahnen und ihnen dann diese gelenkt überlassen. Deshalb finden sich in vielen Einstiegen auch Sozialformen wie Partner-, Team- oder Kleingruppenarbeit, oft mit zufällig zusammengesetzten Schülern (Losprinzip). Diese Zufälligkeit bedeutet, dass der Lehrer nicht immer auf die gleichen aktiven Schüler zurückgreift, sondern dass jeder – auch der ruhige oder eher passive Schüler – damit rechnen kann, an die Reihe zu kommen. Die angebotenen Sozialformen sind daher wichtige Voraussetzung für die praktische Umsetzung der Stundeneinstiege.

Bereits in der Einstiegsphase sollen die Schüler möglichst viel themengebunden miteinander kommunizieren, indem sie ihre Position oder Einstellung gegenüber ihren Mitschülern vertreten und begründen. Auch das Einigen auf bestimmte Statements zielt in die gleiche Richtung, denn Einigen bedeutet, Vor- und Nachteile der einzelnen Aussagen abzuwägen, also miteinander zu sprechen.

Einige der Einstiege wurden von mir selbst entwickelt, andere sind weitläufig bekannt, in der Literatur bereits häufig erwähnt und in vielen Variationen beschrieben. Hier war keine eindeutige Quellenangabe möglich.

1 Aufgrund der besseren Lesbarkeit ist in diesem Buch mit Lehrer auch immer Lehrerin gemeint, ebenso verhält es sich mit Schüler und Schülerin etc.

Der Aufbau der Handreichung

Den 55 vorgestellten Einstiegsmöglichkeiten liegen unterschiedliche Intentionen zugrunde. Zunächst wird gezeigt, wie ritualisierte Einstiege im Fach Religion durchführbar sind, denn **Rituale** können sowohl vom fachlichen wie pädagogischen Ansatz her für die Schüler wichtige Orientierungshilfen im Unterrichtsprozess bieten. Es schließen sich Einstiegsmöglichkeiten für die **Wiederholung von Inhalten** der letzten Stunde(n), die **Hinführung auf die folgende Unterrichtstunde** oder die **Anknüpfung an vorbereitende Hausaufgaben** an. Die vorgeschlagenen Zeitansätze variieren dabei zwischen 10 und 15 Minuten, die gewählten Sozialformen sind schüleraktiv, kommunikativ, oft in einem steten Wechsel von Gespräch und Schreiben. Ein fünfter Schwerpunkt stellt mögliche Einstiege **in neue Unterrichtsreihen** vor, bei denen, da es sich um eine Planungs-, Motivations- und Strukturgestaltungsstunde handelt, in der Regel 45 Minuten vorgesehen sind.

Zu jedem Einstiegsvorschlag wird die Klassenstufe angegeben, ab der ein Einsatz der jeweiligen Stundeneinstiege möglich ist. Der Einstieg hängt natürlich von der jeweiligen Klassenkonstellation und dem Vorwissen bzw. Umfeld der Schüler ab.

Zur schnelleren Orientierung auf den einzelnen Seiten dieses Buches wurden Icons verwendet:

Der Punkt **Zielsetzung** beschreibt kurz die mit dem Einstieg verbundenen Unterrichtsziele bzw. Kompetenzen.

Um eine konkrete Vorstellung über die **Durchführung** zu erleichtern, ist jedem Vorschlag ein praktisches **Beispiel** für den Unterricht beigefügt.

In der Regel finden sich noch **weitere Hinweise** für Anregungen zu Einsatzmöglichkeiten oder zur Weiterführung der Stunde.

Zum leichteren Wiederauffinden der Einstiege sind im **Index** (S. 62) alle Stundeneinstiege in alphabetischer Reihenfolge aufgeführt.

Kreis oder normale Sitzordnung

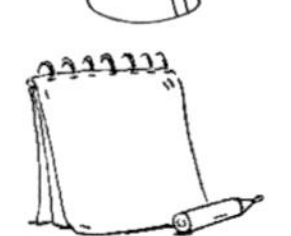

Gebet(e)

Zielsetzung:

Schüler erfahren, dass zu einer Religionsstunde auch ein Gebet gehört, und lernen verschiedenste Gebete kennen.

Durchführung:

- Die Klasse stellt sich hin und hält inne.
- Lehrer (oder ein Schüler) spricht ein Gebet. Das Gebet kann einem Gebetbuch für Kinder entnommen sein, selbst formuliert oder auf späteres Stundenthema hinweisend ausgesucht werden.
- Es kann auch eine Gebetssammlung von Schüler zu Schüler weitergereicht werden. Diese suchen in eigener Verantwortung das Stundengebet aus und tragen es vor.

Beispiel:

Thema: Menschen verehren Gott

Lieber Gott,
du hast wie ein guter Vater für uns gesorgt. Du hast uns Augen gegeben, um zu sehen, den Mund, um zu sprechen, die Ohren, um zu hören. Wir können denken und überlegen.
Dafür danken wir dir und bitten dich, gib uns die Kraft, diese Fähigkeiten zum Wohle unserer Mitmenschen einzusetzen.
Amen

Weitere Hinweise:

Das tägliche Gebet zur Religionsstunde kann auch im Verlauf oder am Ende der Stunde erfolgen.

Stuhlkreis

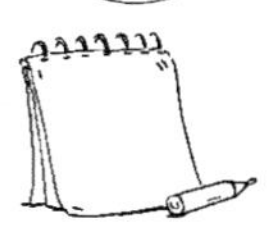

Erzählball

Zielsetzung:

Schüler berichten in lockerer Runde über Erlebnisse, die sie am Vortag, am Wochenende oder während der Ferien im Bereich Religion hatten.

Durchführung:

- Schüler setzen sich in einen Stuhlkreis.
- Lehrer begrüßt die Schüler und berichtet kurz über das Anliegen der Gesprächsrunde. Er gibt einem Schüler den Erzählball.
- Dieser berichtet über ein Erlebnis, in dem der Bereich Religion die Hauptrolle spielt. Mitschüler können nachfragen.
- Der Erzählball wird an den Nächsten weitergegeben, dabei werden nur freiwillige Meldungen berücksichtigt.

Beispiel:

Thema: Ferienerlebnis

Lehrer:
Guten Morgen, liebe Kinder! Wie ihr es gewohnt seid, möchte ich auch nach diesen Ferien die Religionsstunde damit beginnen, dass ihr freiwillig berichten könnt, wenn ihr etwas in den Ferien erlebt oder gesehen habt, das mit Religion zu tun hatte.
Auch ich werde über eine interessante Beobachtung berichten, aber zunächst seid ihr an der Reihe. Ich gebe den Erzählball an …

Weitere Hinweise:

Falls Schüler über gleiche Situationen berichten, sollte man diese nach zweimaligem Erzählen ausklammern.

Halbkreis oder Stuhlkreis

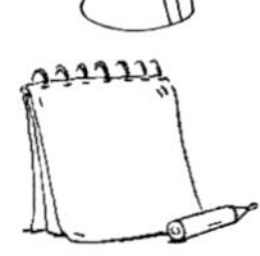

Lieder bzw. unterstützende Gesten

Zielsetzung:

Schüler stimmen sich zu Beginn der Religionsstunde durch ein mit Gesten untermaltes Lied oder Vortrag auf den Unterricht ein.

Durchführung:

- Klasse sammelt sich im Stuhl- oder Halbkreis.
- Lehrer teilt mit (oder Schüler äußern Wünsche), welches Lied gesungen werden soll, mit welchen unterstützenden Gesten.
- Klasse singt das Lied, dabei drücken die Schüler die Bedeutung von Textstellen durch Gesten aus.
- Am Ende geben sich alle die Hand mit den Worten: „Wir wünschen uns allen einen guten Tag."

Beispiel:

Thema: Verantwortung für die Erde

Lehrer:
Wir beginnen die heutige Religionsstunde mit dem Lied „Die Erde ist schön".
Dazu stellen wir uns hin.
Bei dem Wort „Erde" malen wir mit den Händen eine Kugel, bei „Herr" zeigen wir Richtung Himmel, bei „Mensch" zeigen wir auf unseren Nachbarn …

Weitere Hinweise:

Die Auswahl des Liedes kann sich an der Jahreszeit oder dem Themenkanon orientieren. Es ist sinnvoll, die Anzahl der Lieder zu begrenzen.

Stuhlkreis oder normale Sitzordnung

Karte oder Bild (als Impuls), Pinnwand

Zielsetzung:

Schüler wiederholen Lerninhalte der letzten Stunde(n), indem sie kurze Aussagesätze bilden und jeweils die Antwort des Vorgängers aufgreifen.

Durchführung:

- Lehrer heftet Impulskarte oder Bild an die Pinnwand.
- Ein Schüler formuliert einen kurzen Satz zum Thema und gibt das Wort an einen sich meldenden Mitschüler weiter.
- Der nachfolgende Schüler wiederholt die Antwort seines Vorgängers und fügt seine individuelle Aussage an.
- Die Wiederholungsrunde endet, wenn es keine Aussagen mehr zum Thema gibt bzw. sich die Aussagen wiederholen.

Beispiel:

Thema: Der barmherzige Samariter

Lehrer heftet Bild kommentarlos an die Pinnwand.

Er fordert die Schüler auf, das Bild mithilfe des Echospiels zu wiederholen.

Schüler 1: Ich sehe einen verletzten Menschen.

Schüler 2: Schüler 1 (Name) hat gesagt, ich sehe einen verletzten Menschen, ich ergänze, der Mann ist überfallen worden.

Schüler 3: Schüler 2 hat gesagt …

Weitere Hinweise:

Das Echospiel zwingt die Schüler, in ganzen Sätzen zu sprechen.

2.2 Wiederholungswürfel

Kleingruppen

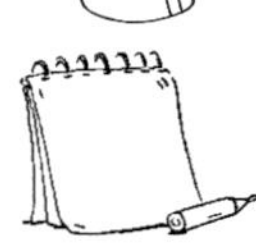

Würfel (mit Folie überzogen) mit Begriffen

Zielsetzung:

Schüler würfeln in Kleingruppen sechs Kernbegriffe, erklären diese den Gruppenmitgliedern und wiederholen so Inhalte der letzten Stunde.

Durchführung:

- Schüler sitzen in Kleingruppen
- Lehrer verteilt an jede Gruppe ein bis zwei Lernwürfel, auf jeder Würfelfläche ist ein Kernbegriff notiert oder ein Symbol gezeichnet.
- Schüler würfeln abwechselnd, der entsprechende Begriff wird den Gruppenmitgliedern erläutert.
- Wird der gleiche Begriff nochmals erwürfelt, wird er übersprungen oder ein weiteres Mal erklärt.

Beispiel:

Thema: Unser Gotteshaus

Lehrer bereitet vor der Stunde die Würfel vor. Er notiert Begriffe oder zeichnet Symbole auf die Flächen. Wenn der Würfel laminiert ist, ist er mit Folienschreiber beschriftet beliebig oft neu verwendbar.

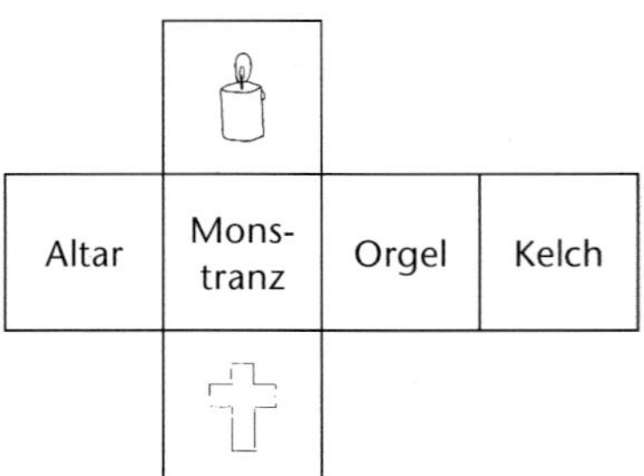

Weitere Hinweise:

Je nach Klassensituation können die Würfel gleich oder verschieden beschriftet sein.

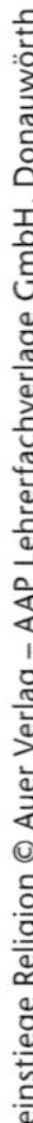

Schülerpaare oder Kleingruppe

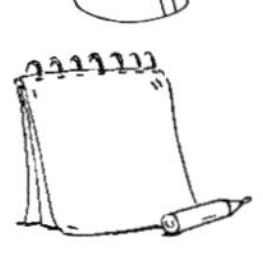

pro Schülerpaar/Kleingruppe 1 Briefumschlag mit Bild, Klebstoff, Plakatkarton

Zielsetzung:

Schüler setzen in Partnerarbeit oder Kleingruppen ein zerschnittenes Bild als Ganzes zusammen und wiederholen so die Thematik der letzten Stunde.

Durchführung:

- Schüler sitzen sich paarweise gegenüber oder am Kleingruppentisch.
- Lehrer verteilt Briefumschläge mit den Teilen eines zerschnittenen Bildes.
- Schüler probieren, besprechen sich über einzelne Teile und setzen das Bild zusammen.
- Das fertige Bild wird auf Plakatkarton geklebt.
- Die Bilder werden untereinander verglichen und ihre Bedeutung erklärt.

Beispiel:

Thema: Wunder Jesu – Bartimäus

Weitere Hinweise:

Es können je nach Klasse gleiche, aber auch unterschiedliche Bilder angeboten werden.

2.4 10 Fragen – 10 Antworten

ca. 10 Min. — ab Kl. 1

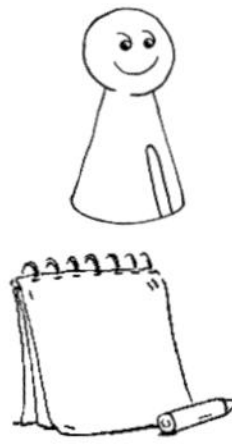

Stuhlkreis oder normale Sitzordnung

10 Fragekarten, ein Auswertungsbogen

Zielsetzung:

Schüler schätzen selbst ein, ob sie zehn Fragen aus der letzten Stunde beantworten können, und geben später die entsprechenden Antworten.

Durchführung:

- Schüler erhalten vom Lehrer einen Auswertungsbogen.
- Lehrer mischt zehn Fragkarten und liest die erste Frage vor.
- Schüler kreuzen für diese Frage den Auswertungsbogen an.
- Danach wird die nächste Frage gestellt.
- Schüler schätzen aufgrund ihres Fragebogens ein, wie viele Fragen sie beantworten können.
- Die Anzahl wird abgefragt und an die Tafel geschrieben.
- Anschließend werden die Fragen im Plenum kurz beantwortet.

Beispiel:

Thema: Gleichnisse Jesu – Das Gleichnis vom guten Vater

Mögliche Fragen zum Gleichnis sind:

Wer spielt in dem Gleichnis die Hauptrollen?

Welche Idee hat der Vater mit seinem Erbe?

Was macht der jüngere Bruder mit seinem Geld?

Warum hütet er nach einer Zeit Schweine?

Kann ich beantworten		
Frage 1	☐	☐
Frage 2	☐	☐
Frage 3	☐	☐
…	ja	nein

Weitere Hinweise:

Die Anzahl der Fragen ist auf die jeweilige Klassenstufe abzustimmen.

Halbkreis

Situation (als Impuls), evtl. rote und grüne Karten

Zielsetzung:

Schüler sollen, ausgehend von einer konkreten Situation, im Spiel ihr Gegenüber zu einem bestimmten Verhalten überzeugen.

Durchführung:

- Schüler sitzen im Halbkreis. Lehrer schildert eine Situation mit Aufforderungscharakter.
- Lehrer verteilt oder verlost die beiden Hauptrollen.
- Schüler überlegen sich eine mögliche Lösung und wie sie diese im Spiel umsetzen wollen.
- Schüler spielen die Situation, in der sie ihr Gegenüber zu einem bestimmten Verhalten überzeugen sollen.
- Mitschüler bewerten, ob die Überzeugung gelungen ist.
- Eine weitere Spielrunde schließt sich an.

Beispiel:

Thema: Miteinander leben – Regeln müssen beachtet werden

Situation:
Dennis hat eine besondere Eigenschaft. Er spielt gerne mit Spielsachen anderer Kinder, gibt aber von seinen nie ab und sagt immer: „Die gehören mir!" Auf dem Spielplatz ist Dennis lange mit dem Kettcar® von Uli gefahren. Als Uli auf das Fahrrad von Dennis steigt, hält dieser den Kettcar® an und rennt auf Uli los: …

Weitere Hinweise:

Zur Dokumentation, ob die Überzeugung gelungen ist, können rote bzw. grüne Karten als Symbol verwendet werden.

2.6 Bahnstation

Schülergruppen

Gesprächsimpulse, Ziffernkarten

Zielsetzung:

Schüler durchlaufen in Gruppen mehrere Stationen mit verschiedenen Gesprächsimpulsen und wiederholen mündlich Inhalte der letzten Stunde(n).

Durchführung:

- Lehrer hängt unterschiedliche, mit Nummern versehene Gesprächsimpulse zu einem Thema mit etwas Abstand an die Wand des Klassenraumes.
- Schüler ziehen Ziffernkarten (je nach Anzahl der Impulse).
- Alle Schüler mit der Ziffer 1 gehen zu Station 1, mit der Ziffer 2 zu Station 2 usw.
- Auf ein akustisches Zeichen hin sprechen die Gruppenmitglieder über den entsprechenden Impuls.
- Ist die vereinbarte Gesprächszeit (ca. drei Minuten) abgelaufen, gibt der Lehrer ein Zeichen und die Gruppen wechseln im Uhrzeigersinn zur nächsten Station.

Beispiel:

Thema: Streit und Versöhnung

Folgende Gesprächsimpulse sind denkbar:

Ich nehme deine Entschuldigung an.

Bibelstelle: Mt 5,23f

Weitere Hinweise:

Bei den Gruppengesprächen sollte jedes Gruppenmitglied mindestens einmal pro Station zu Wort kommen.

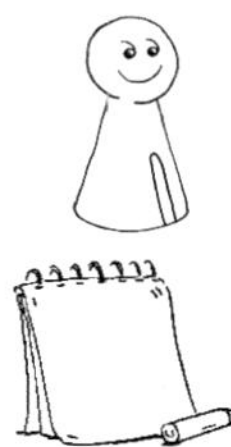

normale Sitzordnung

Fragebogen, Pinnwand

Zielsetzung:

Schüler wiederholen Fachbegriffe der letzten Stunde(n) durch eigene Einschätzung und spätere Verbalisierung.

Durchführung:

- Schüler erhalten einen Fragebogen mit Fachbegriffen. Sie legen diesen verdeckt auf ihren Platz.
- Lehrer weist die Schüler an, mit dem Fragebogen ehrlich umzugehen, da sie selbst ihre Lücken erkennen sollen.
- Auf ein Zeichen wird der Fragebogen umgedreht und ohne Namenskennzeichnung ausgefüllt.
- Lehrer sammelt die Fragebogen ein, vermischt diese und gibt jedem Schüler wieder einen Bogen.
- Die Einschätzungen aller Schüler zu den einzelnen Fachbegriffen werden an einer Pinnwand festgehalten und ausgewertet.

Beispiel:

Thema: Unsere Pfarrgemeinde – Aufgaben in der Pfarrgemeinde

Unser Thema	Weiß ich genau	Weiß ich ungefähr	Weiß ich nicht
Messdiener			
Lektor			
Pfarrgemeinderat			
Organist			

Weitere Hinweise:

Die Verbalisierung der Fachbegriffe erfolgt in der anschließenden Unterrichtsphase.

2.8 Satzpuzzle

ca. 15 Min.

ab Kl. 2

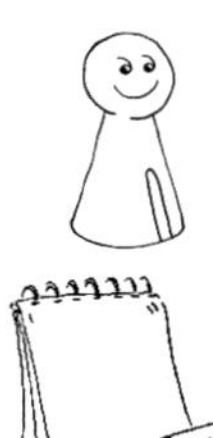

paarweise, später Kleingruppen

Arbeitsblatt, Klebstoff, Schere, Blanko-Blatt

Zielsetzung:

Schüler bringen Satzteile in eine sinnvolle Ordnung und wiederholen so wichtige Aussagen der vorausgegangenen Stunde.

Durchführung:

- Schüler sitzen zunächst paarweise nebeneinander.
- Lehrer verteilt an jedes Schülerpaar ein Arbeitsblatt mit Satzfragmenten; Kleber und Schere liegen bereit.
- Schüler schneiden die Satzteile aus und fügen sie durch Probieren zu richtigen Aussagen zusammen.
- Vier Schüler bilden eine Kleingruppe. Sie vergleichen, sprechen darüber, entscheiden sich und kleben die optimale Lösung auf.
- Die Lösungen werden ohne Aussprache im Plenum vorgestellt.

Beispiel:

Thema: Wunder Jesu

Jesus erweckt	Jesus heilt den blinden	Lazarus von den Toten.
Bartimäus, indem	Er geht zum Grab und	er Speichel über die
Augen streicht und	ruft: Lazarus komm heraus!	Bartimäus kann sehen.

Weitere Hinweise:

Je nach Klassenstufe können die Satzteile Haupt- und Nebensätze umfassen.

2.9 Buchstabensalat

ca. 10 Min. | ab Kl. 2

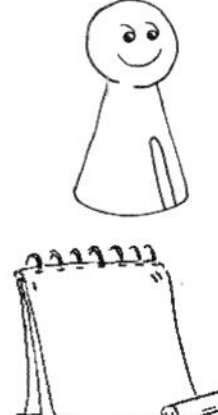

Einzelarbeit, Partnerarbeit

Arbeitsblatt, farbige Stifte, Tafel

Zielsetzung:

Schüler fügen Buchstaben zu Wörtern zusammen, bilden hiermit einen markanten Satz und wiederholen so Kernbegriffe eines Themas.

Durchführung:

- Lehrer verteilt ein Arbeitsblatt mit Buchstaben und Textfeld.
- Schüler setzen die Wörter zusammen, formulieren zu jedem Wort einen passenden Satz und schreiben ihn auf. Der Kernbegriff wird farbig umrahmt.
- Schüler vergleichen ihre Wörter und Sätze mit denen des Tischnachbarn. Sie berichtigen sich gegebenenfalls.
- Die fertigen Sätze werden vorgetragen, die Kernbegriffe an der Tafel gesammelt.

Beispiel:

Thema: Die Erschaffung der Erde

F t n s s i i r e n	A m u a n d a d E v	a n r L d n M e u d e	m e H m i l
Finsternis	______	______	______

Satz: …

Weitere Hinweise:

Um den Schwierigkeitsgrad zu erhöhen, können alle Buchstaben großgeschrieben werden.

Stuhlkreis oder Karree

4–6 Begriffskarten, Karteikarten (pro Schüler 1), Stifte, Pinnwand

Zielsetzung:

Schüler wiederholen durch das Herauslösen von Kernbegriffen aus einer Umschreibung Grundkenntnisse der letzten Stunde(n) und üben sich gleichzeitig im verständlichen Formulieren.

Durchführung:

- Lehrer verteilt themengebundene Begriffe an vier bis sechs Schüler; diese erhalten eine kurze Zeit der Vorbereitung.
- Der erste Schüler umschreibt ca. eine Minute seinen Begriff, ohne diesen zu nennen. Er heftet die Karte auf die Rückseite einer Pinnwand.
- Übrige Schüler schreiben ihre Lösung auf eine Karteikarte oder markieren einen Strich.
- Der nächste Schüler trägt seine Umschreibung vor.
- Nach der gesamten Vorstellung werden die zu erratenden Begriffe an der Pinnwand gezeigt. Wer alle Begriffe richtig hat, erhält eine Belohnung.

Beispiel:

Thema: Religiöse Ausdrucksformen

Auf der ersten Karteikarte steht der Begriff „Prozession". Ein Schüler umschreibt: „Das macht man zu bestimmten Anlässen, da gehen immer viele Menschen mit, die Menschen singen und beten dabei, oft wird etwas Besonderes mitgenommen, der Priester ist auch dabei, …"

Weitere Hinweise:

Bei den Umschreibungen soll alles vermieden werden, woraus der Begriff direkt erkennbar ist.

Partnerarbeit

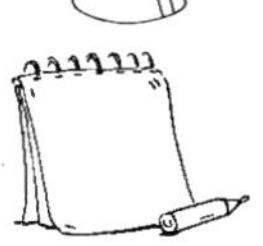

pro Schülerpaar 2 Umschläge mit Satzfragmenten, Klebstoff und 1 Karteikarte

Zielsetzung:

Schüler wiederholen Inhalte der letzten Stunde(n), indem sie in Partnerarbeit Satzfragmente zu einem Domino zusammensetzen.

Durchführung:

- Schüler setzen sich paarweise an einen Tisch.
- Lehrer verteilt an jedes Schülerpaar zwei verschiedene Umschläge mit Satzfragmenten.
- Schüler öffnen die Umschläge. Sie legen die Satzteile aus und setzen diese abwechselnd zu einem sinnvollen Text zusammen.
- Wer den fertigen Text vorliegen hat, meldet sich per Handzeichen.
- Der Text wird zur Kontrolle bzw. zum Verbessern gelesen.
- Schüler kleben den Text auf eine Karteikarte.

Beispiel:

Thema: Sterben und Tod Jesu

Als Jesus am Ölberg zu Gott betet,	wird er von Judas verraten.
Jesus wird gefangengenommen	und abgeführt.
Der hohe Priester verhört ihn	und lässt ihn zu Pilatus
bringen. Dieser befiehlt,	Jesus zu geißeln.
Dann verurteilt Pilatus	Jesus zum Tod am Kreuz.

Weitere Hinweise:

Je nach Klasse können sich die Dominobausteine auch aus längeren Sätzen (z. B. mit Nebensätzen) zusammensetzen.

2.12 Montagsmaler

2 Halbkreise (2 Gruppen)

Begriffkarten, Ziffernkarten 1–5 (je 2), Leerkarten (pro Schüler 1), leere Folie, Overheadprojektor, Stifte

Zielsetzung:

Schüler stellen Schlüsselbegriffe zeichnerisch dar und wiederholen so Inhalte der letzten Stunde.

Durchführung:

- Schüler sitzen sich in zwei Halbkreisen gegenüber, an der Tafelseite ist eine Projektionswand mir Overheadprojektor, Folie und Stiften.
- In jeder Gruppe ziehen Schüler Karten mit den Zahlen von 1–5, die restlichen Schüler erhalten Leerkarten.
- Am Overheadprojektor liegen die Begriffkarten.
- Schüler mit der Zahl 1 der Gruppe 1 nimmt eine Begriffkarte und beginnt, auf der Folie den Begriff zu zeichnen. Schüler der anderen Gruppe versuchen, so schnell wie möglich den Begriff zu erraten. Nach zwei Minuten wird abgebrochen.
- Die nächste Runde wird gestartet, diesmal beginnt der Schüler mit der Zahl 1 der Gruppe 2.
- Die Gruppe mit den meisten erratenen Begriffen gewinnt.

Beispiel:

Thema: Die heilige Messe

Begriffkarte 1: Gabenbereitung
Begriffkarte 2: Kommunion
Begriffkarte 3: Predigt

Weitere Hinweise:

Das Spiel kann auch als Wettbewerb, z. B. Jungen gegen Mädchen, durchgeführt werden. Man könnte auch die jeweilige Ratezeit addieren.

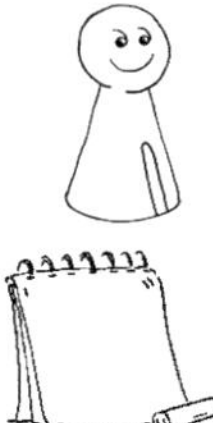

Partnerarbeit, normale Sitzordnung

Arbeitsblatt, evtl. Overheadprojektor und Folie mit Lösung

Zielsetzung:

Schüler ordnen Silben innerhalb einer Zeile, sodass sich eine richtige Aussage ergibt, als Wiederholung der letzten Stunde.

Durchführung:

- Schüler erhalten ein Arbeitsblatt, auf dem die Sätze jeweils in Silben zerlegt sind.
- Gemeinsam mit dem Nachbarn setzen sie die Silben zu Sätzen zusammen.
- Der vollständige Satz wird unter die Silben geschrieben.
- Die Kontrolle geschieht durch Vorlesen bzw. mithilfe einer Folie auf dem Overheadprojektor.

Beispiel:

Thema: Gott gibt den Israeliten die 10 Gebote

Füge die Silben in jeder Zeile zu einem der 10 Gebote zusammen. Schreibe das Gebot darunter auf. Ordne die Gebote anschließend in der richtigen Reihenfolge.

kei frem ter ben du ben ne den sollst Göt ne ha mir.

______________________________.

Weitere Hinweise:

Für Klasse 2 kann die erste Silbe besonders gekennzeichnet sein.

2.14 Fragerunde

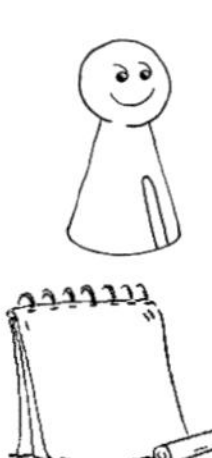

normale Sitzordnung, Stuhlkreis

Karteikarten (pro Schüler 1), Tafel

Zielsetzung:

Schüler wiederholen Inhalte der letzten Unterrichtsstunde durch das Formulieren von Fragen und deren Beantwortung.

Durchführung:

- Lehrer schreibt als stummen Impuls das Thema der letzten Unterrichtsstunde an die Tafel.
- Schüler erhalten je eine Karteikarte. Sie formulieren zwei konkrete Fragen zum Thema und schreiben diese auf.
- Die Karten werden eingesammelt und gemischt.
- Schüler begeben sich in den Sitzkreis. Jeder zieht eine Fragekarte.
- Ein ausgeloster Schüler liest eine der beiden Fragen vor und nennt einen Mitschüler, der die Frage beantworten soll.
- Ist die Frage korrekt beantwortet, wird der nächste Mitschüler aufgerufen, der sich seine Frage aussucht und diese stellt usw.

Beispiel:

Thema: Jesus spricht in Gleichnissen

Lehrer verweist zu Beginn darauf, dass möglichst Fragen zu stellen sind, die nicht nur mit ja oder nein beantwortet werden sollen. Ebenso sollen die Schüler beim Fragen darauf achten, dass sich möglichst keine Frage wiederholt.

Frage 1:
Wie reagiert der Priester, als er den Verletzten sieht?

Frage 2:
Warum lädt der Samariter den Verletzten auf sein Lasttier?

Weitere Hinweise:

Je nach Klasse kann die Fragerunde auch wettbewerbsmäßig (z. B. Jungen gegen Mädchen) durchgeführt werden.

2.15 Würfelspiel

4er-Gruppen

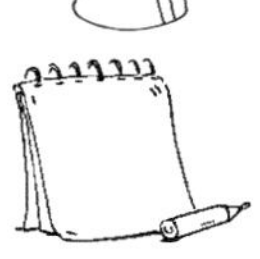

pro 4er-Gruppe 1 Würfel, 4 Spielfiguren, Spielplan, Fragekarten

Zielsetzung:

Schüler wiederholen in spielerischer Weise durch die Beantwortung von Fragekarten Inhalte der vorausgegangenen Stunden.

Durchführung:

- Schüler sitzen in Vierergruppen an Gruppentischen.
- Lehrer verteilt einen Spielplan, Würfel und Spielfiguren.
- Schüler losen die Reihenfolge aus und gehen abwechselnd auf dem Spielfeld gemäß gewürfelter Zahl weiter.
- Wenn sie an auf einem Fragefeld landen, ziehen sie eine Fragekarte, beantworten die gestellte Frage und führen die vorgegebene Bewegung mit den Spielfiguren aus. Die Gruppe bewertet die Richtigkeit der Antwort.
- Wer zuerst das Ziel erreicht, ist Sieger.

Beispiel:

Thema: Christliche Feste im Jahreskreis

Welches Fest wird 40 Tage nach Ostern gefeiert?	
Richtig:	3 Felder vor
Falsch:	4 Felder zurück

Weitere Hinweise:

Es geht darum, dass die Gruppe die Antworten bewertet. In Problemfällen können Lösungen beim Lehrer nachgefragt werden.

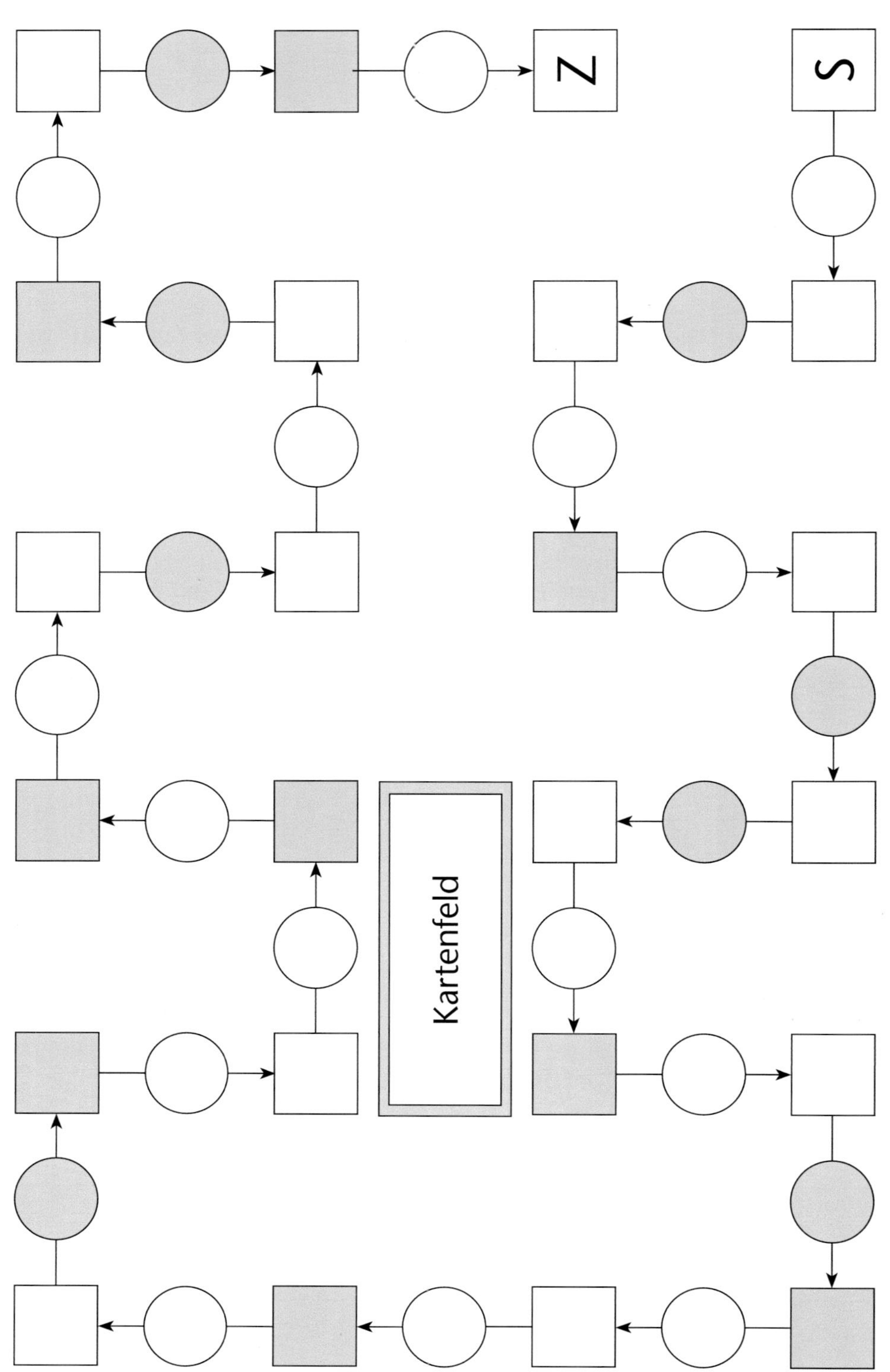
Z
S
Kartenfeld

4er-Gruppen

große Fernsehschablone, themengebundene Ausloskarten (1 pro 4er-Gruppe)

Zielsetzung:

Schüler wiederholen rückblickend Ereignisse aus der (den) letzten Unterrichtsstunde(n).

Durchführung:

- Schüler sitzen in Vierergruppen an Gruppentischen. Auf dem Lehrertisch steht eine Fernsehattrappe.
- Ein Schüler (der Sprecher) begrüßt die Zuhörer und gibt als Kurznachricht das Thema der letzten Stunde wieder.
- Die Schüler besprechen in ihrer „Fernsehfamilie" unterschiedliche Themenschwerpunkte, die sie durch Auslosen erhalten.
- Jede Gruppe trägt ihren Themenschwerpunkt dem Plenum vor. Sie wird vom Sprecher dazu aufgerufen.

Beispiel:

Thema: Weltreligionen – Die fünf Säulen des Islam

Sprecher:
Guten Morgen, liebe Schüler und Schülerinnen der Klasse _____. Hier ist die heutige Kurzmeldung: In der letzten Religionsstunde wurden die fünf Säulen des Islam besprochen. Diese fünf Säulen bilden die Grundlage des islamischen Glaubens. Ihr erinnert euch sicher noch, wie sie lauten. Jede Gruppe wird sich jetzt ihr Schwerpunktthema ziehen und darüber in ihrer „Familie" sprechen. Zur Berichterstattung rufe ich die Gruppen ab.

Weitere Hinweise:

Je nach Inhalt kann sich die Familienrunde auch mit dem gleichen Thema beschäftigen, z. B. mit dem Religionsstifter Mohammed. Dann entfällt der Vortrag vor der Klasse, da jede Gruppe inhaltlich dieselbe Wiederholung durchgeführt hat.

2.17 Kreuzworträtsel

ca. 10 Min. | ab Kl. 3

Einzelarbeit

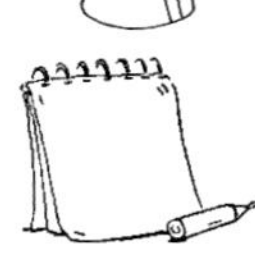

Arbeitsblatt mit Rätsel, Pinnwand, Rätsel auf Pinnwandkarton

Zielsetzung:

Schüler wiederholen durch Ausfüllen eines Rätselblattes Kernbegriffe einer Unterrichtsreihe (oder Einzelstunde).

Durchführung:

- Lehrer verteilt Arbeitsblatt mit dem Rätsel.
- Schüler suchen in Einzelarbeit die gesuchten Begriffe, tragen diese ein und entwickeln so das Lösungswort.
- Ein Schüler löst das Rätsel an einer Pinnwand, sodass das Ergebnis allen nach Beendigung sichtbar wird, einschließlich Lösungswort.
- Vor der Kontrolle nennen die Schüler ihr herausgefundenes Lösungswort.
- Einzelne Kernbegriffe werden wiederholend kurz erläutert.

Beispiel:

Thema: Der Wüstenzug der Israeliten

				M	O	S	E				Anführer der Israeliten
			S	I	N	A	I				heiliger Berg
			F	R	O	E	S	C	H	E	eine der Plagen
				J	A	H	W	E			der „Ich-bin-da"
S	C	H	L	A	N	G	E				Der Stock wurde zur …
				M	A	N	N	A			Brot vom Himmel

Weitere Hinweise:

Je nach Klasse und Geschick des Lehrers kann auch ein richtiges Kreuzworträtsel zusammengestellt werden.

2.18 Memory®

Schülerpaare, ausgelost oder nach Tisch

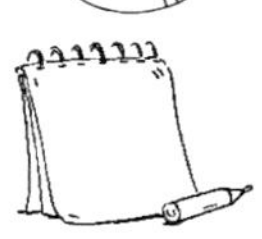

10–15 Stichwortkarten und 10–15 Symbolkarten (jeweils mit gleicher Rückseite)

Zielsetzung:

Schüler wiederholen in spielerischer Weise durch das Zusammenführen von Stichwort- und Symbolkarten den Stoff der letzten Stunde.

Durchführung:

- Schüler bilden ein Partnerpaar (nach Tisch oder ausgelost). Jedes Paar erhält die gleiche Anzahl von Symbol- und Stichwortkarten.
- Die Kärtchen werden gemischt und auf dem Tisch verteilt.
- Schüler decken abwechselnd je zwei Kärtchen auf. Wenn diese inhaltlich zusammenpassen, nimmt der Schüler sie an sich, sonst werden sie verdeckt zurückgelegt.
- Wer die meisten Paare gesammelt hat, gewinnt die Runde.

Beispiel:

Thema: Christliche Feste

Weihnachten

Eheschließung

Weitere Hinweise:

Die Anzahl der Stichwort- und Symbolkarten ist auf die Leistungsstärke der Klasse abzustimmen.

3.1 Paargespräch

ca. 10 Min. ab Kl. 1

Stuhlkreis (bestehend aus Innen- und Außenkreis, immer 2 Schüler sitzen sich paarweise gegenüber)

Stichpunktzettel

Zielsetzung:

Schüler berichten über ihre Einstellungen und ihr Vorwissen zu einem Thema durch Gespräche mit einem Partner.

Durchführung:

- Lehrer gibt das Thema bekannt und bittet die Schüler, Stichworte zu notieren bzw. sich mögliche Aussagen zu überlegen.
- Schüler setzen sich paarweise in einem Doppelkreis gegenüber.
- Der Schüler im Innenkreis beginnt, der Partner hört zu und kann gegebenenfalls nachfragen.
- Anschließend wird gewechselt, der Schüler des Außenkreises erzählt.
- Eine zweite Runde schließt sich an, indem z. B. Schüler des Außenkreises drei Stühle weiterrücken und die des Innenkreises sitzenbleiben.

Beispiel:

Thema: Christliche Feste: Weihnachten

Lehrer:
Notiert in Stichworten, wie in deiner Familien das Weihnachtsfest abläuft. Setzt euch anschließend paarweise gegenüber, sodass ihr euch anschauen könnt. Die Schüler im Innenkreis beginnen mit ihrem Bericht, die im Außenkreis hören genau zu.

Weitere Hinweise:

In der Klasse 1 sollen die Schüler in der ersten Phase überlegen, was sie erzählen möchten.

Halbkreis

12 Aufgabenkarten, 4 Personenkarten, rote Klebepunkte

Zielsetzung:

Schüler strukturieren durch die Zuordnung von Aufgaben- und Personenkarten ein Thema vor.

Durchführung:

- Schüler sitzen im Halbkreis mit freier Sicht zur Tafel. An der Tafel sind vier Personenkarten angeheftet. Zwölf Aufgabenkarten liegen verdeckt auf einem Tisch vor der Tafel.
- Schüler deckt eine Karte auf, liest sie vor und ordnet diese einer Person an der Tafel zu und heftet sie unter die Person.
- Schüler können die Karte umhängen, wenn sie anderer Meinung sind.
- Umstrittene Karten werden mit roten Klebepunkten markiert.
- Es folgt die nächste Aufgabenkarte, bis alle Karten an der Tafel hängen.

Beispiel:

Thema: Menschen leben in Gemeinschaften

Tafel:
Vater Roland
Mutter Doris
Tochter Sarah (10 Jahre)
Sohn Tobias (8 Jahre)

Aufgabenkarten:
Abendgebet sprechen
Sonntagsgottesdienst besuchen
Messdiener werden
Kommunionunterricht
Kommunionhelfer

Weitere Hinweise:

Für die Klassen 1 und 2 können die Aufgaben vorgelesen werden oder auch gezeichnet sein.

3.3 Aktueller Bezug

ca. 10 Min. ab Kl. 1

Stuhlkreis oder Partnerarbeit

Eingangserzählung, später Bibelstelle (aufeinander abgestimmt)

Zielsetzung:

Schüler führen eine aktuelle Situation weiter und können so Parallelen zur Bibelstelle ziehen.

Durchführung:

- Lehrer erzählt den Schülern eine Geschichte, wie sie jederzeit passieren könnte.
- Schüler identifizieren sich mit dem Betroffenen und überlegen, wie sie an dessen Stelle reagieren würden.
- Mögliche Lösungen werden stichpunktartig notiert oder angespielt.
- Im Gespräch wird die „optimale" Lösung verbalisiert.
- Mit dem Verweis auf die Bibelstelle leitet der Lehrer zur Erarbeitungsphase über.

Beispiel:

Thema: Gleichnisse – Die Geschichte vom verlorenen Schaf

Eingangserzählung:
Mit verweinten Augen sitzt Kevin in seinem Zimmer. Alle Augenblicke zieht er die Nase hoch. „Was ist los"?, fragt seine aufgeregte Mutter. Kevin schluchzt: „Meine besten Fußballbilder sind weg, gestern hatte ich sie noch." Und wieder rollen die Tränen. „Überlege doch einmal, wo du gewesen bist! Hast du deine Bilder nicht gestern zum Tauschen mitgenommen?" Kevins Gesicht hellt sich etwas auf. „Bei Peter hatte ich sie noch und dann bin ich heimgekommen." „Hm", murmelt Mutter, „dann gibt es drei Möglichkeiten, du hast sie bei Peter vergessen oder auf dem Heimweg verloren oder Peter hat sie heimlich genommen. Also überlege dir es genau!"

Bibelstelle: Lk 15,1–7

normale Sitzordnung

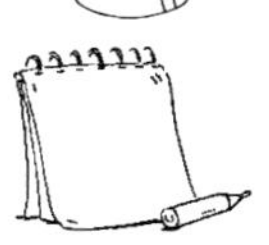

Reiseerzählung, Kopiervorlage: Reiseblatt mit Wolke, CD mit Entspannungsmusik, CD-Player

Zielsetzung:

Schüler versetzen sich mittels einer Fantasiereise in eine vorgegebene Situation und führen diese nach ihren Empfindungen weiter.

Durchführung:

- Lehrer verteilt Reiseblatt mit großer Wolke. Schüler legen Bleistifte oder Buntstifte bereit.
- Lehrer fordert die Schüler auf, sich entspannt und bequem hinzusetzen, die Augen zu schließen und die folgende Reiseerzählung auf sich wirken zu lassen. Im Hintergrund läuft entspannende Begleitmusik.
- Nach Abschluss der Reiseerzählung notieren oder zeichnen die Schüler ihre Empfindungen in die Wolke und führen die Geschichte weiter.
- Ausgeloste Schüler stellen ihre Reiseüberlegungen dem Plenum vor.

Beispiel:

Thema: Lachen – Weinen

Kim, ein 8-jähriger Junge (oder ein 8-jähriges Mädchen) liegt total entspannt auf seiner Sonnenliege und schaut den großen weißen Wolken nach, die von West nach Ost über den Himmel ziehen. „Schau mal", sagt er/sie zu sich selbst, „die Wolke sieht aus wie ein großer Lachmund; was wird sie wohl gerade auf der Erde beobachtet haben?" Kim schaut weiter und entdeckt eine zweite etwas dunklere Wolke mit der Form einer großen Träne. „Oh je", denkt er/sie, „warum weinst du denn?" Er/Sie schaut von der lachenden zur weinenden Wolke und wieder zurück. Dabei überlegt er/sie: „Ist das nicht bei mir auch so, mal lache ich, mal weine ich, mal bin ich froh, dann wieder traurig. Worüber eigentlich?" Und er/sie beginnt, in die Wolke zu schreiben oder zu malen …

Weitere Hinweise:

Für eine Fantasiereise ist ein zum Zeichnen oder Schreiben anregendes Motiv bedeutsam.

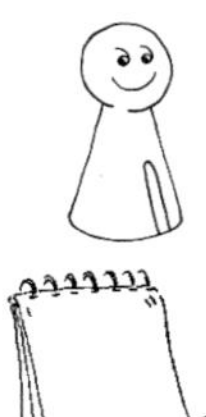

5er-Gruppen

Kurzinfo- und Karteikarten (pro 5er-Gruppe je 2), Pinnwand, Stift

Zielsetzung:

Schüler transportieren Kurzinformationen über mehrere Stationen, bereiten Aussagen vor und üben sich im konzentrierten Zuhören.

Durchführung:

- Die einzelnen Gruppen stehen in Fünferreihen mit leichtem Abstand hintereinander.
- Lehrer bestimmt einen Starter und zeigt ihm eine Karte mit entsprechender Kurzinformation.
- Starter liest die Info, versucht, sie sich einzuprägen, und gibt sie dann im Flüsterton an seinen Hintermann weiter.
- Ist die Info beim letzten in der Reihe angelangt, schreibt dieser den Satz auf eine Karteikarte und heftet sie an die Pinnwand.
- Anschließend wiederholt sich der Vorgang mit der nächsten Kurzinfo, wobei die Reihenfolge der Schüler gewechselt werden sollte.
- Lehrer heftet die Anfangsfassung an der Pinnwand über die jeweilige Durchlauffassungen.
- Die Lösungen werden verglichen.

Beispiel:

Thema: Wunder in der Bibel

Kurzinfo 1: Bens Oma ist nach sehr schwerer Krankheit wieder gesund geworden. Heiko erzählt jedem, dass das ein Wunder war.

Kurzinfo 2: Wie durch ein Wunder hat Herr Müller den schweren Verkehrsunfall überlebt.

Weitere Hinweise:

In den ersten Klassenstufen wird der Durchlaufsatz am Ende dem Lehrer mitgeteilt, der ihn aufschreibt.

3.6 Blitzlicht

Stuhlkreis oder Karree

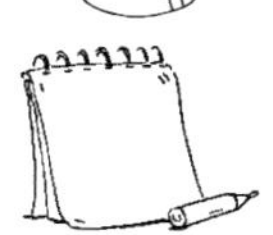

Stundenthema

Zielsetzung:

Schüler äußern sich spontan und kurz, ohne Kritik befürchten zu müssen, zu einem Schlagwort oder einer These.

Durchführung:

- Schüler sitzen im Stuhlkreis oder Karree.
- Lehrer wirft das Thema (These oder Schlagwort) in den Raum.
- Nach einer Besinnungszeit melden sich die Schüler und sagen einmalig spontan ihre Meinung. Dabei rufen sie sich gegenseitig auf.
- Die Aussage wird jeweils in der Ich-Form vorgetragen, die Wortweitergabe geschieht nach fester Redewendung: „…, mach du bitte weiter."
- Wenn (möglichst) alle Schüler ihre Sichtweise dargelegt haben, schließt sich eine Aussprache im Plenum an.

Beispiel:

Thema: Armut in der Welt

Lehrer:
Äußert euch spontan und kurz zu folgendem Satz: Arme Menschen gibt es viel zu viele, wir müssen alles tun, um ihnen zu helfen.
Nach einer Überlegungsminute könnt ihr euch melden, jeder kommt nur einmal dran, um seine Meinung zu sagen.

Weitere Hinweise:

In der Blitzlichtphase gibt es kein Nachfragen, kein Lachen oder Kritik.

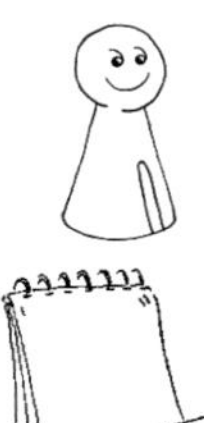

4 Schülergruppen, Stuhlkreis

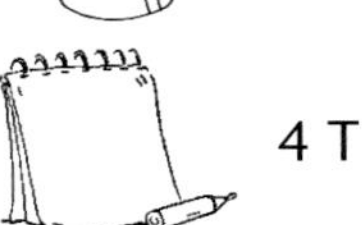

4 Thesenplakate, Karteikarten (pro Schüler 1), Stifte

Zielsetzung:

Schüler lernen thesenartig formulierte Meinungen zu einem Thema kennen und beziehen dazu Stellung.

Durchführung:

- Lehrer hängt vier Thesenplakate in vier Ecken der Klasse.
- Schüler teilen sich in vier Gruppen und versammeln sich jeweils vor dem ihnen zugewiesenen Plakat.
- Sie lesen die These und machen sich auf einer Karteikarte dazu Stichpunkte.
- Nach ca. drei Minuten erfolgt auf ein Zeichen des Lehrers ein Wechsel im Uhrzeigersinn zum nächsten Plakat.
- Der Vorgang wiederholt sich, bis jeder Schüler jedes Plakat gelesen und dazu Stichworte notiert hat.
- Die Schüler treffen sich im Stuhlkreis, um mithilfe ihrer Aufzeichnungen über die Thesen zu sprechen. Dazu können die Plakate mit in den Stuhlkreis genommen werden.

Beispiel:

Thema: Verantwortung für die Umwelt

Lehrer:
Ihr findet im Klassenraum verteilt vier Plakate mit Meinungen zum Thema: Menschen achten zu wenig auf ihre Umwelt.
Wir zählen von 1 bis 4 ab. Alle Schüler mit 1 gehen zum Plakat 1, alle mit der 2 zum Plakat 2 …
Auf das Kommando „ Wechsel“ (oder ein akustisches Signal) geht ihr im Uhrzeigersinn zum nächsten Plakat.

Weitere Hinweise:

Anstelle von Thesen können sich in den Klassen 1–2 auch Bilder oder Zeichnungen auf dem Plakat befinden.

3.8 Bildbetrachtung

Stuhlkreis oder Karree

Bildvorlage als Folie und Overheadprojektor oder Bildvorlage als Ausdruck und Pinnwand

Zielsetzung:

Schüler beschreiben und interpretieren ein zur Motivation und Hinführung auf das Stundenthema gezeigtes Bild.

Durchführung:

- Schüler sitzen im Stuhlkreis oder Karree.
- Lehrer projiziert ein Bild oder heftet es gut sichtbar an eine Pinnwand.
- Schüler äußern sich spontan. Sie beschreiben das Bild oder versuchen erste Interpretationen.
- Schüler achten dabei auf die Grundregeln der Gesprächsführung (dem anderen zuhören, sich melden, das Wort weitergeben, den Mitschüler direkt ansprechen …).
- Schüler formulieren zu dem Bild ein mögliches Stundenthema.
- Das Thema wird an die Tafel geschrieben.

Beispiel:

Thema: Bilder von Gott (Gottesvorstellung)

Weitere Hinweise:

Statt des Bildes kann auch eine Geschichte Hinführungsgegenstand sein.

3.9 Begriffsassoziation

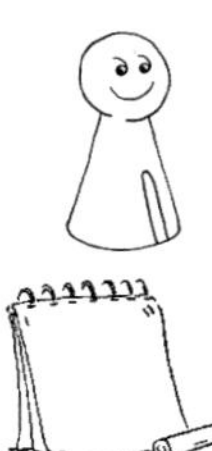

Stuhlkreis oder Karree

Plakat mit Schlüsselwort, Pinnwand, Ball, Tafel

Zielsetzung:

Schüler assoziieren zu vorgegebenen Schlüsselwörtern und geben so ihr Vorwissen oder ihre Grundeinstellung zu einem Thema preis.

Durchführung:

- Schüler sitzen im Stuhlkreis.
- Lehrer hängt Plakat mit themenzentriertem Reizwort an Pinnwand.
- Schüler erhalten kurze Bedenkzeit (ca. zwei Minuten).
- Sie melden sich und werden durch Weitergabe eines Balles zum Assoziieren aufgefordert. Dabei sollte auf vollständige Sätze geachtet werden. Als Hilfe können Redewendungen dienen wie: Bei … denke ich an; zu dem … fällt mir ein; ich verbinde mit …
- Lehrer hält vorgetragene Assoziationen stichpunktartig an der Tafel fest. Wiederholungen kennzeichnet er mit einem Zusatzstrich.
- Lehrer hängt das nächste Schlüsselwort an die Pinnwand. Der methodische Ablauf wiederholt sich.

Beispiel:

Thema: Regeln in Schule und Familie

Ordnung im Kinderzimmer

Bei Ordnung im Kinderzimmer denke ich an …
Zu Ordnung im Kinderzimmer fällt mir ein …
Mit Ordnung im Kinderzimmer verbinde ich …
Ordnung im Kinderzimmer heißt für mich …
Zu einem ordentlichen Kinderzimmer gehören …

Weitere Hinweise:

Für die Klassen 1–2 können die Impulse bildhaft gestaltet sein.

3.10 Pantomime

Stuhlkreis oder Karree

Begriffkarten, Pinnwand

Zielsetzung:

Schüler stellen einen vom Lehrer gezeigten Begriff spontan spielerisch dar und sammeln so Schlüsselwörter für die weitere Stunde.

Durchführung:

- Schüler sitzen im Stuhlhalbkreis, eine freie Spielfläche wird markiert, sodass alle den Spieler gut sehen können.
- Lehrer bestimmt einen Schüler (oder lost aus) und zeigt ihm – für die anderen nicht sichtbar – einen Begriff (Bild oder geschrieben).
- Schüler hat kurze Zeit zum Überlegen und versucht dann, den Begriff pantomimisch darzustellen. Mitschüler dürfen raten und dabei in die Klasse rufen. Wer den Begriff errät, darf die nächste Runde spielen.
- Der erratene Begriff wird von einem anderen Schüler an einer Pinnwand befestigt.

Beispiel:

Thema: Feste im Jahreskreis

Lehrer:
Ihr sollt einen Begriff, den ich einem Schüler zeige, im Spiel alleine und ohne Worte so darstellen, dass er von den anderen möglichst erraten werden kann. Errät keiner den Begriff, sage ich nach einer Zeit „Stopp" und der nächste Begriff kommt an die Reihe.

Geburtstag	Nikolaus	Weihnachten	Ostern

Weitere Hinweise:

Anstelle eines geschriebenen Begriffs kann in den Klassen 1–2 auch ein Bild oder eine Zeichnung stehen.

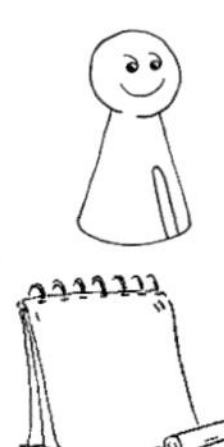

Partnerarbeit, später 4er-Gruppen

Themenimpuls, Schmierzettel, Pinnwand, farbige Karteikarten

Zielsetzung:

Schüler tragen zu einem Themenimpuls ihre Einstellungen und Vorprägungen zusammen.

Durchführung:

- Schüler finden sich zu Paaren zusammen.
- Lehrer heftet den Themenimpuls an die Pinnwand und erklärt die verschiedenen farbigen Spalten.
- Schülerpaare notieren stichpunktartig ihre Einstellung auf einem Schmierzettel.
- Schüler bilden Vierergruppen und sprechen über ihre Notizen. Sie ordnen diese gemäß den Vorgaben an der Pinnwand und schreiben sie auf bereitliegende farbige Karteikarten.
- Die Gruppen tragen in ausgeloster Reihenfolge ihre Ergebnisse vor und heften diese an die Pinnwand.
- Kärtchen mit der gleichen Einstellung werden abgenommen.

Beispiel:

Thema: Heilige

Impuls:
In der katholischen Kirche werden viele Heilige verehrt. Welche sind dir bekannt? Was denkst du über Heilige?

Beispiele für Heilige	Heilige sind wichtig	Heilige sind überflüssig

Weitere Hinweise:

Die Auswertung der Wandzeitung geschieht im anschließenden Unterricht.

3.12 Handpuppenspiel

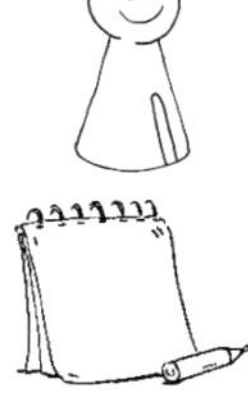

4er-Gruppen

4 verschiedene Handpuppen, „Bühne“, Pinnwand, Karteikarten

Zielsetzung:

Schüler ordnen Personen eine für diese typische Aussage zu, durch Verbalisierung mithilfe einer entsprechenden Handpuppe.

Durchführung:

- Schüler zählen von 1 bis 4 durch und notieren sich ihre Zahl.
- Lehrer stellt vier verschiedene Handpuppen vor und ordnet ihnen eine Zahl von 1 bis 4 zu.
- Lehrer gibt die Fragestellung bekannt und heftet diese an die Pinnwand. Darunter hängt er die vier Personen als Namen oder Symbolkarte.
- Schüler identifizieren sich mit der Person ihrer Zahl, überlegen mögliche Aussagen und notieren diese auf der Karteikarte.
- Nach einem Losverfahren kommen einzelne Schüler zur Bühne und geben diese mit der sprechenden Handpuppe bekannt.
- Als Höhepunkt können am Ende zwei bis vier Handpuppen einen Dialog führen und so in das Problem einführen.

Beispiel:

Thema: Jesus wendet sich Außenseitern zu

Soll Jesus den kranken und aussätzigen Mann heilen?

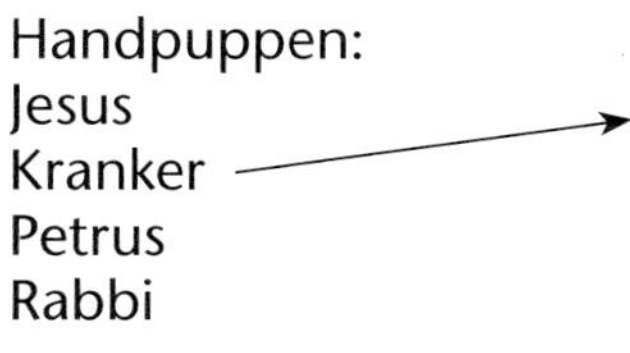

Handpuppen:
Jesus
Kranker →
Petrus
Rabbi

Mögliche Aussagen:
Jesus, hilf mir!
Ich vertraue dir!
Ich glaube an dich!
Ich will nicht außen stehen!

Weitere Hinweise:

Mit großen Kartons kann die „Bühne“ leicht erstellt werden.

3.13 Imaginationsbild

ca. 15 Min. ab Kl. 2

normale Sitzordnung

Zeichenvorlage, Stifte

Zielsetzung:

Schüler drücken ihre Vorstellung zu einem Thema mithilfe eines Imaginationsbildes aus.

Durchführung:

- Lehrer gibt eine Einführung in das Stundenthema und gibt den Arbeitsauftrag, in eine Zeichenvorlage ein Vorstellungsbild zu zeichnen.
- Schüler zeichnen in die Zeichenvorlage ihre Vorstellung. Die Auswahl der Farben bleibt freigestellt.
- Nach einer festgesetzten Zeit (ca. sechs bis acht Minuten) wird abgebrochen.
- (Freiwillige) Schüler zeigen und erläutern ihre Zeichnung.
- Gemeinsamkeiten und Unterschiede werden an der Tafel gesammelt.

Beispiel:

Thema: Tod – Was ist direkt nach dem Sterben?

Lehrer:
Es gibt Menschen, die behaupten: „Ich bin schon fast einmal gestorben und wieder ins Leben zurückgekehrt." Vielleicht habt ihr auch schon solche Berichte gehört oder Bilder dazu gesehen. Wie stellt ihr euch vor, wenn Menschen im Sterben liegen? Was geschieht mit ihnen? Welche Bilder sehen sie und welche Erfahrungen können sie gewinnen?
Zeichnet eure Vorstellung! Vorlage und Stifte liegen bereit. Ihr habt dafür acht Minuten Zeit.

Weitere Hinweise:

Bei einem sensiblen Thema sollte der Lehrer auf freiwillige Meldungen der Schüler zurückgreifen.

3.14 Wendetafel

ca. 10 Min. ab Kl. 3

Stuhlkreis

Situation (als Impuls), Pinnwand (die von beiden Seiten beschriftet werden kann), 2 dicke Filzschreiber

Zielsetzung:

Schüler notieren zu einer vorgegebenen Situation spontan Stichworte auf einer Pinnwand.

Durchführung:

- Schüler sitzen im Stuhlkreis. In der Mitte des Kreises steht eine Pinnwand, die von beiden Seiten beschriftet werden kann.
- Lehrer gibt eine kurze Situationsschilderung als Impuls.
- Schüler überlegen, melden sich, rufen sich gegenseitig auf und schreiben je ein Stichwort auf die Pinnwand, jede Hälfte auf ihre Seite.
- Nach einer festgesetzten Zeit wird die Pinnwand gedreht, die Schüler sehen die andere Hälfte, sie können nachfragen und um Erläuterungen bitten.

Beispiel:

Thema: Freundschaft – Wie soll mein Freund/meine Freundin sein?

Situation:
Elena sitzt betrübt in ihrem Zimmer. Sie hat sich am Morgen mit ihrer Freundin Susi über die gestrige Geburtstagsfeier gestritten. Susi hatte Elena schließlich als „blöde Kuh" bezeichnet und ist weggegangen. Elena überlegt: Was ist eigentlich ein Freund oder Freundin? Wie sollte er oder sie sein?

Lehrer verweist ohne Kommentar auf diese Überschrift an jeder Seite der Pinnwand.

Weitere Hinweise:

Je nach Zeit kann man auch auf das Wenden verzichten und Fragen zu der eigenen Hälfte stellen lassen. Die Informationen der Rückseite werden dann in der Erarbeitungsphase genutzt.

3.15 Brainwriting

ca. 20 Min. ab Kl. 3

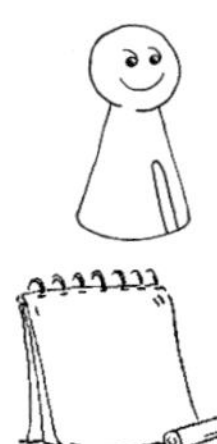

Halbkreis

Tafel, weiße und farbige Kreide

Zielsetzung:

Schüler sammeln an der Tafel spontane Assoziationen zu einem Stichwort und ordnen diese anschließend.

Durchführung:

- Schüler bilden einen Stuhlhalbkreis mit freier Sicht zur Tafel.
- Lehrer schreibt ein Impulsstichwort an und fordert die Schüler auf, alles an die Tafel zu schreiben, was ihnen zu dem Stichwort einfällt.
- Schüler rufen sich selbstständig auf, gehen zur Tafel, schreiben kommentarlos ihr Stichwort irgendwo an die Tafel.
- Nach zehn Minuten endet die Writing-Phase. Schüler können zu Begriffen, die sie nicht kennen, nachfragen.
- Schüler ordnen die Stichwörter. Begriffe, die inhaltlich zusammengehören, werden mit der gleichen Farbe markiert. So stellen sich verschiedene Aspekte des Themas heraus.

Beispiel:

Thema: Christliche Feste – Kommunion

Hostie Kommunionunterricht Weißer Sonntag Kelch

Feier Anzug ***Kommunion*** Handkommunion

Leib Christi Katecheten Projekt Essen Geschenke

...

Weitere Hinweise:

Bei der inhaltlichen Zuordnung sollte man sich auf vier Farben (Aspekte) beschränken.

3.16 Kopfstand

normale Sitzordnung, später Partnerarbeit

Pinnwand, Plakat, Karteikarten (pro Schülerpaar 1)

Zielsetzung:

Schüler bereiten ein Thema vor, indem sie den Blickwinkel umkehren und so neue Lösungsstrategien entwickeln.

Durchführung:

- Lehrer heftet kommentarlos das Stundenthema an die Pinnwand.
- Schüler machen sich Gedanken und überlegen sich mögliche Antworten.
- Lehrer ändert das Thema, indem er es quasi auf den Kopf stellt und heftet es über das erste Thema an die Pinnwand.
- Schüler bilden Paare. Sie ändern ihre Lösungsansätze und notieren neue Ideen auf einer Karteikarte unter dem Stichwort „Unsere Umkehrideen".
- Die Partnerpaare stellen ihre Umkehrideen vor; diese werden stichpunktartig an der Pinnwand festgehalten.
- Lehrer entfernt das Umkehrthema – das Original wird sichtbar.
- Schüler erkennen die negative Besetzung des Themas und formulieren entsprechend um.

Beispiel:

Thema: Menschen verehren Gott

Beten ist sinnvoll und wichtig!	Beten ist unsinnig und überflüssig!
	• braucht unnötig viel Zeit • abends zu müde • morgens zu verschlafen • bringt absolut nichts • zu etwas Unbekanntem sprechen

Weitere Hinweise:

Umkehrideen werden am Ende der Phase optisch sichtbar durchgestrichen.

Kleingruppen

farbige Karteikarten mit Bildern oder Texten, Stifte
Bibelstelle

Zielsetzung:

Schüler sollen aus vorgegebenen „Mosaiksteinen" eine zusammenhängende Geschichte konstruieren und dem Plenum vortragen.

Durchführung:

- Schüler sitzen in Kleingruppen.
- Lehrer verteilt vier bis fünf verschieden farbige Karteikarten mit Bildern oder Texten zu einer Bibelszene.
- Gruppen sprechen über die Inhalte, ordnen diese und versuchen, sie in einen Zusammenhang zu bringen.
- Jede Gruppe stellt ihre Geschichte in möglichst freier Rede dem Plenum vor. Die Textkarten können dazu nummeriert werden.
- Per Abstimmung wird die „beste" Lösung gesucht und im weiteren Verlauf mit der entsprechenden Bibelstelle verglichen.

Beispiel:

Thema: Abraham soll seinen Sohn Isaak opfern

Abraham Isaak Lasttier 2 Knechte Wanderung	Abraham Dornenhecke Widder Opfertier Opferfeier	Altarbau Holzschichtung Isaak angebunden Messer Zum Stich ausholen

Weitere Hinweise:

Die Textkarten können auch für jede Gruppe unterschiedliche Stichwörter zu der Bibelstelle enthalten.

4.1 Vernissage

Schülerfreibewegung, Tische rund um die Klasse, Stehkreis

Collagen als Hausaufgabe

Zielsetzung:

Schüler präsentieren ihren Mitschülern eine als Hausaufgabe vorbereitete Arbeit und bereiten so den Stundeneinstieg vor.

Durchführung:

- Vorbereitende Hausaufgabe: In Kleingruppen eine Collage (Bild, Zeichnung, Text oder Kombination von allem) erstellen und die Präsentation vorbereiten.
- Jede Kleingruppe legt ihre Collage auf einen Tisch.
- Schüler sammeln sich in der Klassenmitte und erhalten den Auftrag, sich die einzelnen Collagen genau anzusehen.
- Sie schlendern durch die Ausstellung, um Eindrücke und Informationen zu gewinnen.
- Auf ein Zeichen des Lehrers sammeln sich alle wieder in der Mitte.
- Die Kleingruppen besetzen ihre Tische.
- Der Rest der Schüler geht jeweils von Tisch zu Tisch und lässt sich von der Gruppe die Collage erklären.
- Im lockeren Stehkreis werden zum Abschluss offene Fragen angesprochen.

Beispiel:

Thema: Ungerechtigkeit auf der Welt

Vorbereitende Hausaufgabe:
Stellt eine Collage (DIN A3) zusammen, auf der ihr zeigt, was eurer Meinung nach in der Welt, aber auch bei uns in Deutschland ungerecht ist. Hierzu könnt ihr Bilder suchen, zeichnen, Überschriften sammeln oder kurze Texte schreiben. Überlegt euch auch, wie ihr der Klasse eure Collage vorstellen möchtet.

Weitere Hinweise:

Sind alle Schüler an der Hausaufgabe beteiligt, wird jeweils die vortragende Tischgruppe besetzt.

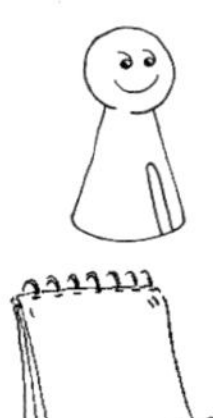

Kleingruppen

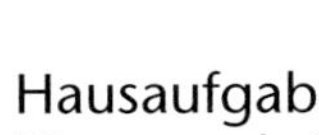

Hausaufgabentext, Karteikarten (pro Schüler 1), Arbeitsblatt, Pinnwand, Stichwortstreifen

Zielsetzung:

Schüler strukturieren ein Thema, indem sie einzelne in den Hausaufgaben vorbereitete Aspekte schichtweise zu einem Ganzen zusammenfügen.

Durchführung:

- Vorbereitende Hausaufgabe: Den ausgegebenen Text erlesen und auf einer Karteikarte zusammenfassen.
- Lehrer führt ins Thema ein und heftet die Überschrift an die Pinnwand.
- Schüler bilden Kleingruppen gemäß den bearbeiteten Texten.
- Sie bearbeiten in der Gruppe ein Aufgabenblatt zu den Hausaufgaben.
- Gruppe 1 stellt ihre Bearbeitung vor, die wichtigsten Aussagen werden mithilfe von Wortstreifen an der Pinnwand befestigt.
- Es schließen sich die übrigen Gruppen an.
- An der Pinnwand entsteht eine Mind-Map für eine strukturierte Betrachtung des Themas.

Beispiel:

Thema: Wunder in der Bibel

Vorbereitende Hausaufgabe:
In der Bibel wird von vielen Wundern berichtet. Fünf habe ich ausgewählt und gebe jedem von euch einen Text mit einem Wunder. Diesen Text arbeitet ihr durch und fasst ihn auf einer Karteikarte zusammen.

Aufgabenblatt:

Schreibt in Stichworten die Antworten auf die Wortstreifen.	Welches Wunder ist geschehen? Gab es Zeugen? Welche? Wie wurde das Wunder ausgeführt?

Weitere Hinweise:

Die Texte können zur besseren Übersicht verschieden farbig sein.

Stuhlkreis oder Karree

Kurzvortrag als Hausaufgabe, Spickzettel, Mikrofon, Rekorder

Zielsetzung:

Schüler schlüpfen in die Rolle eines Reporters und berichten (nach der Vorbereitung als Hausaufgabe) über ein konkretes Thema.

Durchführung:

- Vorbereitende Hausaufgabe: Einen Kurzvortrag (zwei bis drei Minuten) über ein bestimmtes Thema vorbereiten, um ihn dann ihn als Reporter zu präsentieren. Ein Spickzettel zur Gedächtnisstütze ist erlaubt.
- Schüler sitzen im Stuhlkreis. Die Reihenfolge der Reporter ist ausgelost oder bestimmt.
- Lehrer begrüßt die Zuhörer und reicht das Mikrofon an den ersten Reporter weiter.
- Dieser hält seinen Kurzvortrag.
- Die Zuhörer können sich anschließend über Inhalt und Art des Vortrags äußern.
- Es schließt sich der Reporter 2 an.

Beispiel:

Thema: Episoden aus dem Leben Davids

Lehrer:
Guten Morgen, liebe Zuhörerinnen und Zuhörer. Unser heutiges Tagesthema beschäftigt sich mit dem König David im AT. Dazu haben wir Reporter zu verschiedenen Lebenssituationen von David geschickt, die direkt darüber berichten werden. Als erstes rufe ich unseren Reporter ______________, der über einen seltsamen Kampf berichtet. Hallo, hörst du mich? …

Weitere Hinweise:

Für die Reportagen sind vier bis fünf verschiedene Texte oder Bilder als Grundlage zur Verfügung zu stellen.

4.4 Anhörung

ca. 15 Min. | ab Kl. 2

Stuhlkreis (mit Anhörstuhl)

Hausaufgabentext, Stichpunktzettel

Zielsetzung:

Schüler identifizieren sich mit einer vorgegebenen Rolle und bringen deren Gedanken bzw. Handlungsmotive zum Ausdruck.

Durchführung:

- Vorbereitende Hausaufgabe: Aus einem Text die jeweils vorgegebene Rolle markieren und in Stichworten Gedanken bzw. Handlungsmotive notieren.
- Schüler sitzen im Stuhlkreis.
- Lehrer führt ins Thema ein.
- Ausgeloste oder bestimmte Schüler besetzen den Anhörungsstuhl und präsentieren ihre Gedanken und Handlungen.
- Es schließt sich jeweils eine kurze Aussprache an, bei der die übrigen Schüler nachfragen oder ergänzen können.
- Die nächste Person wird vom Lehrer aufgerufen.

Beispiel:

Thema: Jesus und Zachäus

Hausaufgabe:
Du spielst in der Geschichte von Jesus und Zachäus den ____________. Lies dir die Geschichte genau durch und markiere die Teile, die deine Rolle betreffen. Notiere dann in Stichworten, was du denkst, wie du handelst und begründe deine Meinung. So bereitet sich jeder von euch für eine bestimmte Person vor.

Weitere Hinweise:

Bei fortgeschrittenen Klassen kann die Anhörung der Personen auch nacheinander erfolgen mit einer späteren Gesamtaussprache.

Sitzkreis oder Karree

5 Lesetexte als Hausaufgabe, Lesepult, Pinnwand

Zielsetzung:

Schüler werden durch das Vorlesen ausgesuchter Texte zu einem Stundenthema geleitet.

Durchführung:

- Vorbereitende Hausaufgabe: Den am Ende der Stunde erhaltenen Text zum Vorlesen vorbereiten.
- Schüler sitzen im Stuhlkreis.
- Die Reihenfolge der Leser wird ausgelost, jeder Text sollte einmal gelesen werden.
- Schüler 1 tritt ans Lesepult und liest seinen Text vor, danach ist eine kurze Pause, um den Text wirken zu lassen.
- Schüler 2 setzt die Lesung fort.
- Sind die fünf Texte vorgetragen, wird das Gemeinsame der Texte im Gespräch gesucht und als Thema an der Pinnwand festgehalten.

Beispiel:

Thema: Christliche Feste – Die Taufe

Vorbereitende Hausaufgabe:
Lesetext 1: Eltern bereiten die Taufe vor, Taufgespräch mit dem Priester
Lesetext 2: Die Bedeutung der Taufpaten, Patensuche
Lesetext 3: Der Ablauf der Tauffeier in der Kirche
Lesetext 4: Eine Tauffeier während der heiligen Messe
Lesetext 5: Die sich anschließende gemütliche Runde

Weitere Hinweise:

Je nach Thema (z. B. besonders bei Fragen des menschlichen Miteinanders) können die vorzutragenden Texte auch zu Hause selbst geschrieben worden sein.

4.6 Fragebogenaktion

ca. 15 Min. | ab Kl. 3

Halbkreis oder Karree

Fragebogen als Hausaufgabe, Tafel

Zielsetzung:

Schüler bereiten durch die Befragung mittels eines Fragebogens den Einstieg vor und werten diesen zu Beginn der Stunde gemeinsam aus.

Durchführung:

- Vorbereitende Hausaufgabe: Den ausgehändigten Fragebogen von bis zu drei Personen ausfüllen zu lassen bzw. die Antworten zu notieren.
- Die Schüler halten die ausgefüllten Fragebögen bereit.
- Der Bogen wird Frage nach Frage schrittweise besprochen.
- Ein Schüler trägt jeweils seine erfragten Antworten vor, die Mitschüler ergänzen mit ihren Antworten.
- Lehrer hält unterschiedliche Aussagen an der Tafel unter der jeweiligen Fragenummer stichpunktartig fest.

Beispiel:

Thema: Religiöse Ausdrucksformen

Vorbereitende Hausaufgabe:

Fragebogen:

1. Hast du schon an einer Prozession teilgenommen?

____

2. Wie oft im Jahr?

____

3. Warum wurde die Prozession gehalten?

____

Weitere Hinweise:

Bei den zu befragenden Personen sollte auf unterschiedliche Generationen (Kind, Eltern, Großeltern) geachtet werden.

4.7 Plädoyer

Stuhlkreis, Schülervortrag

Vortrag als Hausaufgabe (Spickzettel oder Text), Rednerpult

Zielsetzung:

Schüler plädieren werbend für ein Thema und begründen so ihre Aussagen und Meinungen.

Durchführung:

- Vorbereitende Hausaufgabe: Über das Thema der letzten Stunde(n) einen werbenden und positiven Vortrag (schriftlich oder in Stichworten) verfassen,
- Schüler versammeln sich im Stuhlkreis.
- Ein Rednerpult steht für alle sichtbar am Rande des Kreises. Ein ausgeloster oder ausgewählter Schüler geht zum Rednerpult und trägt sein Plädoyer vor (frei mithilfe eines Spickzettels oder abgelesen).
- Mitschüler können Notizen machen, sie äußern sich anschließend zu Art und Inhalt des Plädoyers.
- Der nächste Schüler trägt sein Plädoyer vor usw.
- Zum Abschluss kann der überzeugendste Anwalt gekürt werden.

Beispiel:

Thema: Christliches Brauchtum – Sonntagsgottesdienst

Vorbereitende Hausaufgabe:
Nachdem wir in der letzten Religionsstunde über die Bedeutung des Sonntags gesprochen haben, bereitet ihr für die nächste Stunde ein Plädoyer für oder gegen den regelmäßigen Besuch des Sonntagsgottesdienstes vor (schriftlich oder in Stichworten). Mit dieser Rede sollt ihr die Mithörer für eure Position begeistern. Ob ihr pro oder kontra argumentieren möchtet, könnt ihr selbst entscheiden.

Weitere Hinweise:

Bei Pro-Kontra-Plädoyers könnten zunächst alle Pro-, danach die Kontra-Reden gehalten werden.

Schülergruppen, Stuhlkreis

Spielvorlage, Platz zum Proben

Zielsetzung:

Schüler spielen eine vorgegebene Szene, identifizieren sich mit den Hauptakteuren und entwickeln unterschiedliche Zugänge zum Thema.

Durchführung:

- Lehrer teilt die Klasse in mehrere gleich starke Gruppen.
- Jede Gruppe erhält eine (gleiche oder unterschiedliche) Vorlage zu einem Stegreifspiel.
- Schüler bereiten sich in ihren Gruppen auf das Spiel vor, sie verteilen die Rollen und versuchen, diese inhaltlich gemäß der Vorgabe auszufüllen.
- Die Gruppen proben ihren Auftritt. Es sollte für jede Gruppe ausreichend Platz zur Verfügung stehen, z. B. Flur, Nachbarklasse.
- Die Reihenfolge der Vorstellungen wird ausgelost.
- Die Mitschüler nehmen im Stuhlkreis Platz. Sie können sich während des Spiels Notizen machen.
- Gruppe 1 beginnt mit ihrem Spiel.
- Nach der Runde gibt es ein kurzes Feedback.
- Die zweite Gruppe stellt ihr Spiel vor usw.

Beispiel:

Thema: Angst im Leben

Vorlage:
Es ist Winterzeit. Vater, Mutter und zwei Kinder sitzen am gemeinsamen Abendtisch. Es fehlen noch die Getränke. Vater bittet die Kinder, aus dem Kofferraum des Autos, das auf dem dunklen Hof steht, Getränke zu holen. Die beiden verlassen das Haus und knipsen das Hoflicht an. Kurz vor Erreichen des Autos geht mit einem merkwürdigen Rascheln das Licht aus.

Weitere Hinweise:

Für die erste Klasse muss die Vorlage im Plenum besprochen werden.

5.2 Bildsalat

ca. 30 Min. | ab Kl. 1

Stehkreis, Stuhlkreis, Schülerpaare

Bilder, Plakatstreifen, Stifte, Pinnwand

Zielsetzung:

Schüler planen durch mehrfaches Sprechen über unterschiedliche, aber thematisch zusammenhängende Bilder eine Unterrichtsreihe.

Durchführung:

- Die Klassentische stehen am Rand der Klasse, die Stühle sind unter die Tischplatte geschoben, Schüler stehen vor ihren Stühlen.
- Lehrer legt in der freien Klassenmitte eine Anzahl Bilder aus.
- Schüler gehen langsam umher und betrachten die Bilder.
- Auf Kommando nimmt sich jeder Schüler ein Bild und hat danach ca. drei Minuten Zeit, es ruhig zu betrachten und Überlegungen anzustellen.
- Auf ein Zeichen bilden Schüler Paare und erklären sich gegenseitig ihr Bild und warum sie es gewählt haben.
- Die Paarbildung wird mehrfach gewechselt.
- Schüler gehen zu den Tischen, auf denen Plakatstreifen und Stifte liegen. Jeder notiert auf zwei Plakatstreifen je eine wichtige Aussage zu seinem Bild.
- Schüler setzen sich in den Stuhlkreis. Sie stellen nacheinander ihr Bild vor und heften die Aussagen an die Pinnwand. Gleiche Aussagen können weggelassen oder übereinander befestigt werden.

Beispiel:

Thema: Die großen Weltreligionen

Bilder vom Brauchtum, religiösen Ausdrucksformen, Kleidung, Gebäuden, ... der bedeutenden Weltreligionen. Es sollten mehr Bilder ausliegen, als Schüler in der Klasse sind. Bilder können auch mehrfach vorkommen.

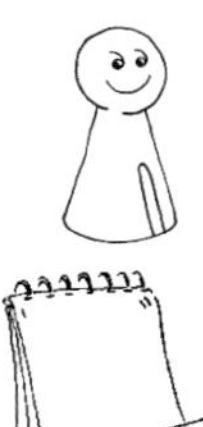

Stehkreis, Rundgang, Stuhlkreis

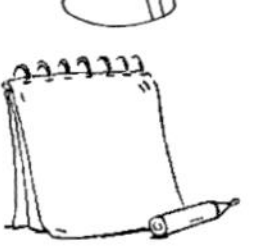

Gegenstände, Bilder, Zeichnungen, Tafel

Zielsetzung:

Schüler nehmen zu frei ausgesuchten Gegenständen o. Ä. Stellung, begründen ihre Wahl und stecken so den Rahmen des Themas ab.

Durchführung:

- Schüler stehen vor ihren Stühlen. Lehrer öffnet die Tafel und erklärt das Thema und die drei Fragestellungen.
- In der Raummitte sind auf Tischen unterschiedliche Gegenstände, Bilder und Zeichnungen ausgestellt. Schüler gehen betrachtend um die Ausstellungsstücke herum.
- Wer etwas Passendes gefunden hat, nimmt es an sich und setzt sich auf seinen Stuhl.
- Schüler überlegen anhand der drei Fragestellungen jeweils, was sie mit dem Ausstellungsstück verbinden, warum sie dieses gewählt haben und wie der Bezug zum Thema ist.
- In freier Reihenfolge präsentieren die Schüler ihr Ausstellungsstück sowie ihre Erklärung dazu.
- Lehrer notiert oder zeichnet das Ausstellungsstück an die Tafel.
- Nach der Vorstellung sprechen Schüler über Gemeinsamkeiten und Unterschiede und stecken den Rahmen des Themas ab.

Beispiel:

Thema: Christen bilden eine Gemeinschaft

Lehrer:
In unserem Klassenmuseum findet ihr viele unterschiedliche Gegenstände, Bilder, Fotos, Zeichnungen zum Thema „Christen bilden eine Gemeinschaft".
Wie in einem Museum geht ihr langsam um die Tische herum. Wer etwas für ihn Ansprechendes findet, nimmt es an sich und setzt sich auf seinen Stuhl zurück. Es sind mehr Angebote vorhanden, als Schüler in der Klasse sind. Wenn euer Lieblingsstück vergriffen ist, müsst ihr einen Ersatz wählen.

Weitere Hinweise:

Es müssen mehr Ausstellungsstücke als Schüler in der Klasse vorhanden sein.

Stuhlhalbkreis

Rote und grüne Checkkarten, Pinnwand, Overheadprojektor, Folie, Folienstift

Zielsetzung:

Schüler steigen mithilfe von Checkkarten in eine neue Unterrichtsreihe ein.

Durchführung:

- Schüler sitzen im Stuhlhalbkreis. Auf einem Tisch liegen rote Karten (mit Themenstichworten) und grüne Karten (mit möglichen Darstellungshinweisen).
- Zwei ausgeloste Schüler kommen zum Tisch, der eine nimmt eine rote, der andere eine grüne Karte.
- Beide betrachten ihre Auftrag: Sie versuchen nach Absprache, den Begriff darzustellen.
- Der Schüler, der den Begriff errät, heftet ihn an die Pinnwand, benennt einen weiteren Mitschüler und die beiden bestreiten die nächste Runde.
- Nach zehn Begriffen sollte das Spiel beendet sein.
- Die Schüler suchen gemeinsam das Thema der Unterrichtsreihe.

Beispiel:

Thema: Religiöse Ausdrucksformen

Rote Checkkarte – Themenkarte	Grüne Checkkarten – Durchführung
Abendgebet Taufe Gottesdienst Kommunion Opferstock Prozession …	Stelle das Stichwort wie folgt dar: Umschreibe es, ohne den Begriff zu nennen. *oder* Zeichne den Begriff auf dem Overhead-projektor. *oder* Stelle den Begriff spielerisch dar.

Stuhlkreis

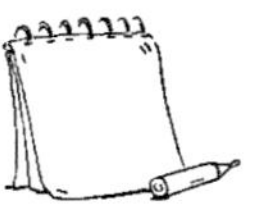

Tafel, Kreide, Schwamm

Zielsetzung:

Schüler tragen zu einem Kernthema Stichworte zusammen und strukturieren diese mithilfe einer Mind-Map vor.

Durchführung:

- Schüler sitzen im Stuhlkreis.
- Lehrer öffnet die Tafel und erklärt den Kernbegriff und die Aufgabe (Mind-Map).
- Nach kurzer Überlegungszeit bestimmt der Lehrer den ersten Schüler.
- Dieser trägt sein Stichwort ein und gibt die Kreide an den nächsten weiter.
- Jeder Schüler entscheidet selbst, an welcher Stelle er sein Wort schreibt oder ob er evtl. eine weitere Verzweigung wählt.
- Nach einer festgesetzten Zeit (ca. zehn Minuten) wird abgebrochen.
- Das Plenum hat die Möglichkeit nachzufragen bzw. Wörter neu zu orientieren. Bei Uneinigkeit wird ein Fragezeichen gesetzt.

Beispiel:

Thema: Weihnachten

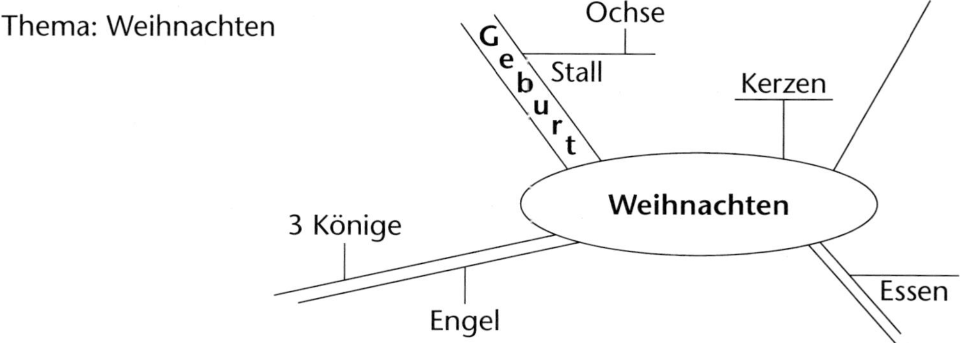

Weitere Hinweise:

Das Mind-Map-Verfahren muss für eine solche Planungsphase bekannt sein.

5.6 Bildcollage

ca. 30 Min. | ab Kl. 2

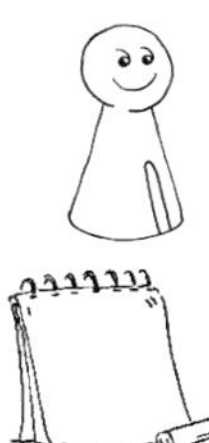

4 Gruppentische, Stuhlkreis

4 Bilder, Pinnwand, Protokollblatt (pro Schülergruppe 1)

Zielsetzung:

Schüler interpretieren vier Einzelbilder, fügen diese anschließend zu einer Collage zusammen und strukturieren so eine Unterrichtsreihe.

Durchführung:

- Klasse wird in vier Gruppen geteilt, Schüler sitzen an Gruppentischen.
- Jede Gruppe erhält ein verdecktes Bild mit der Nummer 1–4.
- Das Bild wird auf Kommando aufgedeckt. Die Schüler beginnen mit dem Beschreiben, Erklären, Interpretieren der dargestellten Situation. Sie halten wichtige Aussagen auf einem Protokollblatt fest.
- Tischgruppe 1 stellt Bild 1 vor und heftet es an die Pinnwand. Mitschüler können bei Bedarf nachfragen bzw. ergänzen.
- Es schließen sich die Schüler der Gruppen 2–4 an.
- Die Schüler bilden jetzt einen Stuhlkreis.
- Die vier Einzelbilder an der Pinnwand werden zu einer sinnvollen Collage umgesteckt. Schüler betrachten die Collage. Sie erklären, beschreiben und interpretieren.
- Gemeinsam suchen sie eine Überschrift mit vier Untertiteln, das Thema ist vorstrukturiert.

Beispiel:

Thema: Das Leben Davids (im Überblick)

Weitere Hinweise:

Je nach Klassenstärke und Thema sind auch mehr als vier Bilder denkbar.

Stuhlkreis, Unterrichtsgespräch

Pinnwand oder Tafel, farbige Kreide

Zielsetzung:

Schüler assoziieren zu einem Themenimpuls und entwickeln so Ideen und Lösungsansätze für die weitere Unterrichtsplanung.

Durchführung:

- Schüler sitzen im Stuhlkreis.
- Lehrer verweist auf den unausgefüllten Stern auf der Pinnwand. Das Thema steht gut sichtbar im Körper des Sterns.
- Schüler lassen den Impuls auf sich wirken und sammeln im Geiste mögliche Antworten.
- Auf ein Zeichen hin äußern die Schüler in freier Reihenfolge ihre Ideen, Gedanken oder Vorschläge. Lehrer notiert dies als Stichworte an jeden Zacken des Sterns.
- Jede Wortmeldung wird festgehalten, nur keine Wiederholungen; jeder Schüler kann sich mehrfach melden.
- Nach Beendigung der Ideensammlung betrachten die Schüler in Ruhe den ausgefüllten Stern.
- Im Unterrichtsgespräch werden Fragen, Kritik oder Kommentare zu einzelnen Begriffen geklärt.
- Abschließend werden die Begriffe, die inhaltlich zusammenpassen, mit der gleichen Farbe unterstrichen und die Struktur der Thematik festgezurrt.

Beispiel:

Thema: Freundschaft

Weitere Hinweise:

Die Zackenanzahl sollte auf 16 begrenzt sein.

5.8 WWW-Methode

ca. 30 Min. | ab Kl. 3

normale Sitzordnung, später 5er-Gruppen, dann Plenum

Ziffernkarten 1–5, Situationsschilderung, Stichwortzettel, Satzstreifen, Pinnwand

Zielsetzung:

Schüler versetzen sich in eine vorgegebene Situation und entwickeln so eigene Ideen und Lösungsansätze zur Themenplanung.

Durchführung:

- Schüler sitzen an ihren Tischen, sie ziehen eine Karte von 1–5.
- Lehrer führt ins Thema ein.
- Schüler versetzen sich in die anmoderierte Situation und überlegen, „was wäre wenn …".
- Schüler notieren Ideen, Gedanken auf einem Stichwortzettel.
- Schüler bilden Kleingruppen mithilfe der Ziffernkarte, die sie am Anfang gezogen haben. Sie einigen sich auf zwei bis drei Lösungsansätze und schreiben diese auf Satzstreifen.
- Gruppen stellen ihre Ansätze vor und heften die Satzstreifen an die Pinnwand.
- Im Plenum werden die Themenansätze mit dem Ziel der Unterrichtsplanung besprochen.

Beispiel:

Thema: Die Josefsgeschichte – Gott ist bei den Menschen

Lehrer:
Das AT berichtet ausführlich über das Leben von Josef, einem bedeutenden Mann für die Geschichte Israels. Josef hat in seinem Leben viel erlebt, viel mehr, als jemand von uns je erleben wird. Wer Josef war, wie sein Leben verlaufen ist und warum er so bedeutend wurde, sind Themen der nächsten Stunden. Zur Vorbereitung versetzt ihr euch jetzt in die Situation, die eurer Kartennummer entspricht.

1. **WWW** **Was wäre, wenn** du Träume deuten könntest?
2. **WWW** **Was wäre, wenn** deine Brüder neidisch auf dich wären?
3. **WWW** **Was wäre, wenn** du als Junge verkauft würdest?

5.9 ABC-Assoziation

ca. 45 Min. | ab Kl. 3

normale Sitzordnung, Einzel-, Partner- und Gruppenarbeit

Alphabet-Arbeitsblatt, Tafel

Zielsetzung:

Schüler suchen, alphabetisch geordnet, passende Begriffe zu einem Thema und bereiten so verschiedenen Sichtweisen vor.

Durchführung:

- Lehrer verteilt ein vorbereitetes Alphabet-Arbeitsblatt.
- Schüler suchen in Einzelarbeit zu jedem Buchstaben einen passsenden Begriff, finden sie keinen, setzen sie einen Strich.
- Mit ihrem Tischnachbarn vergleichen und ergänzen sie die Liste.
- Schüler bilden Kleingruppen. Sie vergleichen ihre Vorschläge und einigen sich auf einen Begriff pro Buchstaben. Sie überlegen, wo der Begriff in die an der Tafel stehende Tabelle eingetragen wird.
- Eine (ausgeloste) Kleingruppe trägt ihr Ergebnis vor und ordnet die Begriffe in die Tabelle ein. Bei Unsicherheit wird ein Fragezeichen gesetzt.
- Die übrigen Gruppen ergänzen die Tabelle.

Beispiel:

Thema: Rund um die Feste im Kirchenjahr

A Altar, Allerheiligen
B Baldachin, Beichten, Bibel
C Christus,
D --
E Engel, Esel, Eucharistie

Name	Brauchtum	Gegenstände
Ostern	Mitternacht	Kerze

Weitere Hinweise:

Pro Arbeitsschritt sollten ca. zehn Minuten eingeplant werden.

4er-Gruppen, Plenum

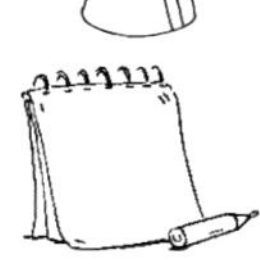

Situationsschilderung, Placemat-Vorlage, Tafel

Zielsetzung:

Schüler füllen eine vorgegebene Situation mit eigenen Ideen und beginnen damit die Planung einer Unterrichtsreihe.

Durchführung:

- Lehrer führt in eine Situation mit offenem Ausgang ein.
- Nach einer kurzen Überlegungsphase treffen sich die Schüler in einer Vierergruppe, auf dem Gruppentisch liegt ein Placemat. Jeder Schüler besetzt einen Abschnitt des Placemats.
- Jeder notiert oder zeichnet mindestens drei seiner Ideen auf seinem Abschnitt. Dabei sollte nicht gesprochen werden.
- Nach einer gewissen Zeit gehen die Schüler um ihren Tisch und schauen, was die anderen zu Papier gebracht haben.
- Im Gespräch entscheiden sie sich für die besten drei Ideen. Diese kommen in die bisher freie Mitte des Placemats.
- Die Ideen werden dem Plenum vorgestellt und diskutiert. Der Lehrer hält sie stichpunktartig für den Strukturaufbau an der Tafel fest.

Beispiel:

Thema: Armut

Situationsschilderung:
Schweißgebadet wacht Birte auf. Einen solchen Traum hatte sie noch nie. Sie hatte von sich geträumt, sie, die verwöhnte Birte, lebte plötzlich mit ihrer Familie in den Slums von Mexiko City. Ihr Haus war eine Wellblechhütte mit zwei kleinen Zimmern. Bad und Toilette gab es nicht. Vater hatte keine Arbeit, Birte brauchte nicht zur Schule, dafür sollte sie in den Abfällen nach Essbarem suchen. Armut ist sehr, sehr schlimm, dachte sie. Gott sei Dank war es nur ein Traum. Aber das Problem Armut bleibt …

Weitere Hinweise:

Die Einführung kann mit Bild, Text, Video oder Filmausschnitt geschehen.

Jederzeit optimal vorbereitet in den Unterricht?

»